RATGEBER

Für einfache Orientierung mit der App

W0461917

IMMER WISSEN, WO MAN IST

Die Orientierung ist auf der digitalen Karte dank GPS ein Kinderspiel. Ein roter Punkt zeigt den aktuellen Standort und mit einem Pfeil in die Marschrichtung.

GLEICHES KARTENBILD

Wanderkarten und die Wanderkarten-App sind eine perfekte Ergänzung. Eine gedruckte Wanderkarte sollte zur Sicherheit immer dabei sein. Die KOMPASS Karte besitzt das gleiche Kartenbild wie in der digitalen Form. Damit lässt sich perfekt mit beiden Medien arbeiten.

PRAKTISCHES FORMAT

Eine Wanderkarte bietet eine perfekte Übersicht über eine Region. Während einer Wanderung bietet die digitale Karte den Vorteil des handlichen Smartphone-Formats. Es kann einfach in die Hosentasche gesteckt werden und ist somit immer griffbereit.

SKALIERBAR

Während eine gedruckte Wanderkarte einen fixen Maßstab besitzt, kann die digitale Karte vergrößert werden, um Details besser ablesen zu können.

LIVE SIGNAL UND AUFZEICHNEN

Mit der KOMPASS App können die Touren aufgezeichnet werden oder zur Sicherheit mit anderen Live geteilt werden.

INHALTSVERZEICHNIS

DIGITALE WANDERKARTE

Karte in der App freischalten

Den Kartenbereich der gekauften Wanderkarte in der **KOMPASS Wanderkarten-App** freischalten:

1. App herunterladen und anmelden

Die Wanderkarten-App im App Store oder in Google Play herunterladen und über die App oder über **www.kompass.de** anmelden.

Download on the App Store

GET IT ON Google Play

2. Karte freischalten

Auf **www.kompass.de/app/karte** kann die Karte mit dem Code freigeschaltet werden.

3. Karte herunterladen

Der Kartenbereich kann jetzt in der App gratis heruntergeladen und offline genutzt werden.

Code:

978-3-99044-926-4

Alle Wanderkarten von KOMPASS nutzen:

KOMPASS PRO

Am Kartenrand angekommen? Alle Karten in unserer App verfügbar!
Stockeralm
Alpengarten
Hagen
642
625
1560
1683
Brecherspitz
637
1500
Jägerbauernalm
8:02
Wo willst du hin?
Spitzingsattel
1127
Spitzingalm
Imbissstube
DAV Haus
Spitzingsee
643
644
Wilde Fräu
Spitzing-
see
BLSV-Haus
Taubensteinbahn
Gundlalm
Arabella
Alpenhotel
Café Kam
Schwarzenk
Klausenhütte
Stümpflingbahn
Lyra Alm
Postgasthof
Spitzingsee
Alte Wurzhütte
1090
Schwarzenkopf
1464
Grünseealm
E-Werk1
Albert-Link-Hütte
1053
Diensthütte
645
635c
Wildfütterung
Bleckstein-
Winterstube
1060
Blecksteinhaus
635
635b
1602
Untere
Haushameralm
649
E-Werk 2

DIE REGION

Für wanderbare Wunderwelten

Der Spreewald ist ein beliebtes Erholungsgebiet für die Bewohner von Berlin. Trotz des großen Einzugsgebietes kann man hier Natur erleben und Ruhe tanken. Wie von selbst verscheucht die ruhige Bewegung des Wassers bei den beliebten Paddeltouren die Alltagshektik. Ebenso wirkungsvoll ist die Atmosphäre, die von den kleinen Städtchen und Gemeinden, in die man auf dem Landweg zu Fuß, mit dem Rad oder auch auf einer Kutschfahrt gelangt, ausgeht. Hier scheint die Uhr sich einfach noch etwas langsamer zu drehen.

Geformt durch das abfließende Schmelzwasser riesiger Eiszeitgletscher, das sich in viele kleine Arme – die Fließen – verzweigte und nicht zuletzt den Eingriff des Menschen, der durch den Bau von Kanälen und Gräben zur starken Verästelung des Binnendeltas beitrug, entstanden die spreewaldtypischen Streusiedlungen und ausgedehnte Niedermoorbereiche mit hohem Grundwasserstand. Das Gebiet des Spreewalds ist damit optimaler Lebensraum für den Erlenbruchwald und in ihm für Kranich, Waldwasserläufer und Schlagwirl. Im Unterspreewald gedeihen Eschenwälder und dank hoher Luftfeuchtigkeit konnten sich auf den am höchsten gelegenen Talsandinseln Buchenwälder ausbilden.

Die Region um den Scharmützelsee zählt zu den schönsten Gebieten Brandenburgs. Durch den Ausbau der Kanäle sind der Scharmützelsee und der Storkower See schiffbar mit den Berliner Gewässern verbunden – ein beliebtes Wassersportrevier, ideal zum Segeln und Surfen. Romantische Fußwege säumen die Seeufer, ein sehr gut ausgebautes und weit verzweigtes Radwegenetz führt in die nähere und weitere Umgebung.

Im Naturpark Dahme-Heideseen locken zahlreiche Gewässer und ausgedehnte Wälder in die Natur, unweit der Großstadt Berlin findet man sich rasch in einer Landschaft von herber Schönheit wieder, die teilweise nahezu mystische Kraft zu besitzen scheint. Dahme, Spree und ihre vielen Seen, die durch natürliche und künstliche Wasserläufe miteinander verbunden sind sowie die Fließen des Spreewalds eignen sich ideal zum Wasserwandern, leicht bedienbare Schleusen sind kein Hindernis. Nach einem erlebnisreichen Tag an der frischen Luft locken natürlich auch die kulinarischen Angebote des Spreewalds. Die traditionellen Speisen der Region besinnen sich auf einfach Zutaten wie Kartoffeln, Meerrettich und Gurken in jeder Form, dazu ist das Leinöl aus der Küche des Spreewälders gar nicht wegzudenken, gedeiht doch der Rohstoff Flachs direkt vor der Haustür.

ACTION

Für mutige Abenteurer

Es gibt beinahe nichts, was es an Action-Angebot im Spreewald nicht gibt. Dem Gebiet kommt hier die Nähe zur Großstadt Berlin zugute, aus der es die Menschen raus in die Natur zieht. Das vielfältige Angebot bedient dabei beinahe alle gängigen Sportarten und hat mit spezialisierten Erlebnisbädern und -welten dabei auch noch besondere Gustostücke zu bieten.

HÖHENKICK IM KLETTERWALD (RS E 6) | Im Abenteuerpark Lübben kann man sich nach einer Einweisung und gut ausgerüstet mit Helm und aushängesicherem Sicherheitssystem nach Herzenslust auf den vielen Parcours unterschiedlicher Schwierigkeitsstufen austoben. Die jüngsten Abenteurer bewegen sich dabei nur in geringer Höhe, während sich die mutigeren im Kletterwald weiter nach oben wagen. Auch ein 10 Meter hoher Kletterturm steht bereit und will bezwungen werden, während der Flying Fox kräftesparenderen Spaß garantiert. Ein besonderes Erlebnis ist mit dem Nachtklettern garantiert.

Kletterwald Lübben
Hartmannsdorfer Straße 27 c
D-15907 Lübben
Tel. +49 1573 0051727
www.kletterwald-luebben.de

WAKEBOARD- UND FUNSPORTANLAGE KLEIN KÖRIS (VS C 2) | Entspannt unter Palmen am Ufer des Klein Köriser Sees sitzend kann man hier in aller Ruhe ein Getränk und den Sonnenuntergang genießen, während man die Akrobatik der Wakeboarder und Wasserskifahrer bewundert. Oder man rafft sich auf und stürzt sich selbst in die Action, indem man sich mit Banane, Tubing, Wakeboard oder Wasserski rasant übers Wasser ziehen lässt oder mit einem gemieteten Motorboot für einen ganz besonderen Geschwindigkeitskick sorgt. Ist man mit Freunden unterwegs, kann man sich auch an einem Drachenboot versuchen.

Wakeboat Beachclub Funplace
Chausseestraße 53
D-15746 Groß Köris, OT Klein Köris
Tel. +49 33766 20170

DRAISINE-FAHRTEN AB MELLENSEE (VS A 2) | Ihren nostalgischen Zauber hat sich die Draisine über all die Jahre bewahrt, aber die Plackerei ist Geschichte. Heute sind Draisinen kinderleicht zu bedienen. Sie bringen nicht mehr die Post zur Bahn oder den Cowboy zum Pferd, sie machen einfach nur Spaß! In jedem Alter und zu jeder Jahreszeit. Vom in herrlicher Landschaft gelegenen Draisinenbahnhof Mellensee kann zwischen Ostern und Oktober sowie in den Wintermonaten mit verschiedenen Draisinen zu unterschiedlichen Touren gestartet werden. Zur Auswahl stehen Fahrraddraisinen, kleine Hebeldraisinen, große Hebeldraisinen, Konferenzfahrräder und Hydro-Bikes (Wasserfahrräder). Touren gibt es für Gruppen ab zwei Personen.

http://erlebnisbahn.de

MIT DEM MOTORBOOT DURCH DEN NATURPARK (VS C 2) | Raus in die Natur und die durch zahlreiche Kanäle miteinander verbundenen Seen des Naturparks Dahme-Heideseen entdecken kann man mit einem führerscheinfreien Motorboot, Kajak oder Ruderboot. Wer sich für die Motorboot-Variante entscheidet, vergnügt sich dabei auf etwas rasantere Art und Weise mit einem bis zu 15 PS starken Außenbordmotor, etwas geruhsamer geht man die Entdeckungsreise mit dem Ruderkahn oder Kajak an.

Bootsvermietung am Zemminsee
Berliner Straße 41
D-15746 Groß Köris
Tel. +49 173 5749110
www.bootsvermietung-zemminsee.de

MIT DEM GOKART AM SPREEWALDRING (VS C 6) | Erhöhter Puls, Geschwindigkeit, Begeisterung – Adrenalin pur also. Die anspruchsvolle Outdoor-Rennstrecke, der Waldow Circuit, ist 800 Meter lang und bietet sowohl Freizeitfahrern als auch ambitionierten Piloten ein maximales Fahrerlebnis mit Fahrerlager, Boxengasse, Qualifiying, vollautomatischer Zeitmessung und Flutanlage. Großzügige Auslaufzonen und speziell geschultes Streckenpersonal sorgen für Sicherheit.

Spreewaldring Kart-Center
Waldhaus 1
D-15910 Schönwald, OT Waldow
Tel. +49 35477 4040
www.kart-center.de

TROPICAL ISLANDS (VS C/D 5) | Einen Kurzurlaub in den Tropen kann man bei Krausnick erleben: Dabei kann man Deutschlands höchsten Wasserrutschen-Turm ausprobieren, den größten Indoor-Regenwald der Welt und einen Mangrovenwald erkunden, zu zweit mit einem Fesselballon von einer Plattform aus in eine Höhe von 60 Metern steigen oder mit der ganzen Familie im Korbballon in einer Höhe von 15 Metern die Reise durch den tropischen Luftraum antreten. Beim Schnuppertauchen erlebt man seine ersten Atemzüge unter Wasser und der Whitewater-River, ein einzigartiger Strömungskanal von 250 Metern Länge, rundet den Wasserspaß ab.

Tropical Islands
Tropical-Islands-Allee 1
D-79235 Krausnick
Tel. +49 35477 605050
www.tropical-islands.de

Storkow

WALDGASTSTÄTTE
mit Ferienwohnungen
„Zur Quelle"

Am Springsee 2
15859 Storkow / OT Limsdorf
Telefon 01 62/43 70 452

info@waldgaststaette-am-springsee.de

Schwielochsee

MONIS GÄSTEHAUS
Ihre Pension am Schwielochsee

Monika Krüger
Dorfstr. 11E · 15913 Schwielochsee OT Jessern
Tel. 03 54 78/538 · Fax 03 54 78/175 92
Mobil 01 70/9 60 28 98
monis-gaestehaus@gmx.de
www.monis-gaestehaus.gmxhome.de

AKTIV

Für vielseitigen Freizeitspaß

Sämtliche Aktivitäten am, im und unter Wasser drängen sich im Spreewald beinahe auf, das reichhaltige Angebot, das die Natur den Menschen anbietet, wurde von diesen bereitwillig angenommen und ausgebaut. So ist ein touristisch bestens erschlossenes Gebiet entstanden, das alle Bedürfnisse nach Sport und Bewegung befriedigt und beinahe keine Wünsche offen lässt.

SPREELAGUNE IN LÜBBEN (RS E 7) | Die Freizeitanlage SpreeLagune ist das neue Highlight in Lübben. Hier ist ein Kanurastplatz mit großer Naturbadestelle entstanden, die Lagune ist damit ein attraktives Ziel für Wasserwanderer im Spreewald. Die öffentliche wassertouristische Anlage bietet eine Ein- und Ausstiegsstelle für Kanus und Paddelboote, eine Naturbadestelle mit Sandstrand, ausgezeichnete Badegewässerqualität und einen Rundweg mit interessanten Spieleinrichtungen wie einer Kletternetzbrücke und Floßüberfahrt und ist dabei nur wenige Minuten vom Stadtzentrum entfernt.

Spreewaldinformation Lübben
Ernst-von-Houwald-Damm 15
D-15907 Lübben (Spreewald)
Tel. +49 3546 3090
www.luebben.de

ANGELN IM BESTENSEE (VS C1) | Das Gebiet um Bestensee eignet sich hervorragend zum Angeln, durch den ortsansässigen Angelsportverein wird man dabei auf Wunsch auch noch professionell betreut, ausgebildet und ausgestattet. Die Gewässer sind meist leicht zu erreichen und weisen einen guten Fischbestand auf, selbst kurze Angeltrips ohne aufwendige Vorbereitungen sind oft von Erfolg gekrönt. Spiegelkarpfen, Moosrücken und Meister Esox können hier beispielsweise gefischt werden – von letzterem wurde einst gar ein über einen Meter langes Exemplar gefangen.

Märkischer Anglerhof
Motzener Straße 1 A
D-15741 Bestensee
Tel. +49 3376 363158
http://maerkischer-anglerhof.de/

PADDELTOUR NACH LEHDE (RS E/F 8) | Es verbietet sich eigentlich, mit dem Auto von Lübbenau zum romantischen Dorf Lehde zu fahren, traditionell bewältigt man die wenigen Kilometer mit dem Kahn, auf dem Rad, zu Fuß oder – mit dem Paddelboot. Selber dorthin zu paddeln ist gar nicht so schwierig. Leihboote findet man leicht in Lübbenau, die Wasserwege sind gut beschildert, Schleusen einfach zu bedienen. Am einfachsten fährt man beim Schlossbezirk in Lübbenau in die Hauptspree ein und paddelt via Kaupen (dort sollte man unbedingt das Gasthaus Nr. 6 ansteuern, es ist ohnehin nur vom Wasser aus zu erreichen) durch den Lehder Graben nach Lehde. Zurück geht's alternativ entweder über Hechtgraben und Hauptspree oder via Dolzke auf dem Lehder Fließ nach Lübbenau.

FLAEMING-SKATE-STRECKE | Auf rund 230 Kilometern wurde mit der Flaeming-Skate eine einzigartige Strecke angelegt, die fernab von störendem Straßenverkehr durch Wälder, Wiesen und Felder verläuft. Die zwei bis drei Meter breite Bahn aus feinstem Asphalt führt vorbei an idyllischen Dörfern und Städten im Niederen Fläming und Baruther Urstromtal und eignet sich nicht nur optimal für das Skaten, sondern bietet auch Radfahrern, Handbikern und Rollifahrern attraktiven Fahrspaß. Bei aller Freude über die superglatte Strecke sollte man nicht auf die richtige Schutzkleidung vergessen, zu der Helm, Ellenbogen-, Handgelenks- und Knieschoner gehören.

www.flaeming-skate.de

GOLF AUF AUSGEZEICHNETER ANLAGE (VS B1) | Die von Golfplatzarchitekt Kurt Rossknecht entworfene Anlage war bereits Gastgeber der German Masters der European PGA-Tour und wurde 2015 unter die 50 besten Golfplätze Deutschlands gewählt. Auf dem 27-Loch-Course verbinden sich die ehemaligen 18 Löcher des Meisterschaftsplatzes mit neun neuen Löchern auf einer Fläche von 130 ha. Dank der angesiedelten Bienenvölker gibt es sogar hauseigenen Bienenhonig.

Berliner Golf- und Country Club
Motzener See e.V.
Am Golfplatz 5
D-15749 Mittenwalde, OT Motzen
Tel. +49 33769 50130
www.golfclubmotzen.de

MÄRKISCHE SCHLÖSSER-RADTOUR (RS F-H 1-4) | Was sich alter Adel und Gutsherren einst verbaten, ist heute im Seenland Oder-Spree ausdrücklich erwünscht: Schlösser bestaunen und die sie umgebenen Parkanlagen erkunden. Die „Märkische Schlösser-Tour“ verbindet die prächtigsten Adelssitze der Region miteinander. Die durchgehend ausgeschilderte, rund 180 km lange Route führt auch durch Beeskow. Auf der nördlichen Route radelt man überwiegend auf Feld- und Waldwegen (fester Sand oder Splitt), in kurzen Stücken auch über gepflasterte Alleen und asphaltierte Landstraßen. Über weite Strecken verläuft die Südrunde auf asphaltierten Fahrradwegen, in kurzen Teilabschnitten auch auf kaum befahrenen Landstraßen. Für Rennräder ist die Gesamtroute nicht geeignet.

www.maerkischeschloesser.de

KINDER

Für kleine Helden

Der Spreewald hält viel Abwechslungsreiches für seine kleinen Gäste bereit, da kommt so schnell keine Langeweile auf. Es gilt Burgen und Tiere zu entdecken, als Kapitän eines Kahns seine Mitfahrer sicher wieder an Land zu bringen und nicht zuletzt viel Spannendes zu lernen und zu entdecken. Und wenn auch diese Unternehmungen den kleinen Abenteurern zu viel werden, gibt es im Spreewald genügend Uferstellen, Sand und kleine Steine zum Zeitvertreib.

SLAWENBURG RADDUSCH (RS F 9) | Die 2003 wieder errichtete Kopie einer slawischen Burganlage des 9./10. Jhs. zeigt die Dauerausstellung „Archäologie in der Niederlausitz“. Sie präsentiert in einem „Zeittunnel“ 12.000 Jahre Siedlungsgeschichte aus Ergebnissen und Funden der vielfältigen Ausgrabungen vor den Baggern der Niederlausitzer Braunkohlentagebaue. Kinder haben die Möglichkeit, an einer Trickbox einen eigenen Animationsfilm herzustellen und der Burgwall mit Wassergraben lässt nicht nur kleine Entdeckerherzen höher schlagen.

Slawenburg Raddusch
Zur Slawenburg 1
D-03226 Vetschau
Tel. +49 35433 55522
www.slawenburg-raddusch.de

SPREEWALD-KAHNFAHRTEN (RS E/F 8/9) | Über 13 Fließe und 6 km erreicht man von Lübbenau mit dem Kahn das 2003 eingemeindete romantische Spreewalddorf Leipe (sorb. Lipje = Linde), das seit 1936 zu Fuß auch auf einem mit Birken bestandenen Landweg erreichbar ist (bis dahin war der Ort nur per Kahn anzufahren). Daher sind alle Gebäude mit ihren Haupteingängen zur Wasserseite orientiert: Die nicht selten 20 m langen Wohn-/Stall-Gebäude zeigen mit ihren Giebeln zur Spree. Seit 1969 kann man von Burg aus Leipe mit dem Auto erreichen. Das Dorf ist in einer Rundbebauung angelegt und von zwei Spreeläufen zur Insel gestaltet, an deren äußerem Rand sich die Gehöfte reihen.

www.leipe-im-spreewald.de

WETTERMUSEUM IN TAUCHE (RS F/G 1) | Ein unterhaltsamer und lehrreicher Tag lässt sich im Wettermuseum in Tauche erleben. Dort erfährt man alles über die Geschichte der Meteorologie, lernt spannende Messverfahren kennen und erkennt intuitiv, dass eine Theorie für die Zukunft des Klimawandels nicht ohne einen genauen Blick auf die Vergangenheit möglich ist. Interaktive Installationen und Projektionen lassen die Geschichte lebendig werden. Dienstags ab 10 Uhr bringt eine Bimmelbahn Besucher von Wendisch Rietz zum Museum und um 15.30 Uhr wieder zurück, unterwegs kann man beispielsweise in Bad Saarow zusteigen.

Museum für Meteorologie und Aerologie
Herzberger Straße 21
D-15848 Tauche, OT Lindenberg
Tel. +49 33677 62521
www.wettermuseum.de

HISTORISCHE DORFMÜHLE SCHLEPZIG (RS E 5) | Das Fabelwesen Ochsenfrosch Bully führt kindgerecht durch die Ausstellungen der alten Mühle. Die jungen und älteren Besucher finden sich beim Betreten plötzlich in einer Unterwasserwelt wieder: Über sich erkennt man einen Spreewaldkahn, Schwimmblattpflanzen treiben an der Wasseroberfläche und ein großer Hecht schwebt lauernd im Raum. Auch dem Wald ist ein Teil der Ausstellungsfläche gewidmet. Spannend und informativ!

Biosphärenreservat Spreewald
Dorfstraße 52
D-15910 Schlepzig
Tel. +49 35472 64025
www.spreewald-biosphaerenreservat.de

PFERDEGLÜCK BEI LÜBBENAU (RS E 9) | In der Zucht leben ca. 40 Haflinger und zwei Shetlandponys. Der Hof hat eine Reithalle, drei Außenreitplätze, einen Spielplatz für kleine Pferdeliebhaber und einen Streichelzoo zu bieten. Reitstunden werden unabhängig vom Alter und dem Grad des Könnens angeboten; Putzen, Satteln, Trensen und Waschen des Pferdes gehören dazu. Wer sich nicht auf den Pferderücken schwingen mag, kann bei ein- bis mehrstündigen Kutsch- und Kremserfahrten einen Ausflug in die wunderbare Natur genießen.

Haflingerhof Noack
Redlitzer Straße 2
D-03222 Lübbenau, OT Groß Klessow
Tel. +49 3542 2156
www.haflingerhof-noack.de

FREIZEITPARK IN WENDISCH RIETZ (RS F 1) | Im Freizeitpark der als „familien- und kinderfreundlich“ ausgezeichneten Gemeinde lässt es sich einen Tag lang herrlich austoben. Im Tierhof kann man unter anderem Ponys, Ziegen, Esel, Schweine, Kaninchen, Enten und Gänse, ein Lama, zwei Alpakas und diverse Vögel erleben, während die Minigolfanlage mit 18 abwechslungsreichen Bahnen aufwartet. Die Multi-Sport-Arena eignet sich für Fußball, Handball, Basketball, Volleyball, Badminton und Tennis und die kleinsten Gäste kommen am Spielplatz mit einer großen Rutsche, einer Sand-Wasser-Spielanlage, einem Plattformkarussell und einem Hüpfkissen voll und ganz auf ihre Kosten.

Freizeitpark Wendisch Rietz
D-15864 Wendisch Rietz
Tel. +49 33679 75062
www.freizeitpark-wendisch-rietz.de

NATUR

Für vielfältige Entdeckungen

Die Natur im Biosphärenreservat spricht für sich selbst und setzt ein Highlight nach dem anderen. Seen reihen sich verbunden durch Wasserläufe und Kanäle wie eine Perlenkette aneinander und bilden so eine Landschaft, deren Einzigartigkeit sich durch die Vielzahl der ausgewiesenen Naturschutzgebiete ausdrückt. Naturliebhaber kommen hier an allen Ecken und Enden auf ihre Kosten und können immer wieder Neues in Flora und Fauna entdecken.

GROSS LEUTHENER SEE (RS F5) | Hohen Erholungswert strahlt der Groß Leuthener See aus, der bei Anglern, Badegästen und Bootfahrern überaus beliebt ist. Trotz seiner ufernahen Feuchtbereiche kann man den See gut zu Fuß umrunden. Ein rund 7 km langer, neu angelegter Wanderweg führt rund um den See. Im Verlauf des Weges kommt man am Renaissanceschloss Groß Leuthen vorbei, dessen Fassaden aus Sandstein prächtig verziert sind. Ältester Teil der Anlage ist der Rundturm, das Schloss wird heute öffentlich genutzt. Auf dem Friedhof von Groß Leuthen findet man die Renaissancegrabmäler der Familie Schenk von Landsberg. Interessant ist auch das nahe Teufelsluch, ein aus einem Toteiskessel hervorgegangenes Moor.

www.spreewald.de/wandern/gross-leuthener-see

BIOSPHÄRENRESERVAT BYHLEGUHRER SEE (RS G 7/8) | Idyllisch gelegen und unter Schutz stehend verhilft der „Byhleguhrer See“, den man auf einem Rundweg umwandern kann, dem kleinen Dorf Byhleguhre zu touristischem Ansehen. Hier, wo schon vor tausend Jahren Graf Gero sich sein Leben auf einem legendären Lustschloss versüßt haben soll, wachsen ein paar respektable Eichen.

Seit 1990 wird eine artenreiche Feuchtwiese am Byhleguhrer See durch späte Mahd und Anstau des Sees gezielt im Sinne des Orchideenschutzes gepflegt. Die Maßnahmen dienen gleichzeitig dem Schutz des Niedermoores auf ca. 60 ha. Seit 1994 hat sich der Bestand auf durchschnittlich 15.000 Exemplare stabilisiert.

www.seen.de/byhleguhrer-see

WILDPARK JOHANNISMÜHLE (VS B 5) | Natur hautnah und barrierefrei erleben kann man im Wildpark Johannismühle. Der Wildpark beteiligt sich an der Zucht von Wildpferden und Wisenten, bietet ehemaligen Zirkusbären und Großkatzen ein großzügiges Zuhause und rettete sie damit vor dem sicheren Tod. Außer diesen imposanten Tieren lassen sich hier unter anderem Auerochsen, Dam-, Wild-, Muffel-, Schwarz- und Rotwild, Polarwölfe und Luchse beobachten, zweimal täglich gibt es eine Flugvorführung in der Falknerei.

Wildpark Johannismühle
Johannismühle 2
D-15837 Baruth, OT Klasdorf
Tel. +49 33704 97011
www.wildpark-johannismuehle.de

NATURPARK DAHME-HEIDESEEN (VS B-D 1-4) | Die zahlreichen Gewässer und ausgedehnten Wälder geben dem Naturpark sein besonderes Gepräge. Fern von der Hektik der Stadt und doch nahe bei Berlin lassen sich viele idyllische Winkel entdecken: Zauberhafte Quellen, anmutige Wiesenlandschaften, obstbaumgesäumte Wege und Felder. Doch die Landschaft ist nicht immer lieblich, sondern auch von herber Schönheit. Karge Kiefernwälder auf Dünen, urtümliche Erlenbruchwälder, unzugängliche Schilf- und Seggenbestände wechseln sich mit Dünen-, Wald- und Moorlandschaften ab und verleihen dem Gebiet einen besonderen Reiz.

Naturparkverwaltung Dahme-Heideseen
Arnold-Breithor-Straße 8
D-15754 Heidesee, OT Prieros
Tel. +49 33768 969-0
www.mugv.brandenburg.de

SCHIFFFAHRT IM DAHME-SEEN-GEBIET (VS B/C 2/3) | Die angebotenen Seerundfahrten dauern von knapp einer Stunde auf dem Teupitzer See bis zu ca. 5 Stunden, wenn man eine Rundfahrt über zehn Seen unternehmen möchte. Während der Fahrt auf dem Teupitzer See kommt man an dessen Süd- und Westufer dem Naturschutzgebiet „Kleine- und Mittelleber" sehr nahe, das seltene, in ihrem Bestand bedrohte wild wachsende Pflanzen beheimatet und Brut- und Nahrungsgebiet für zahlreiche Kleinvogelarten sowie Rückzugsgebiet für bestandsbedrohte Lurche und Reptilien ist.

Dahme-Schifffahrt-Teupitz
Markt 16
D-15755 Teupitz
Tel. +49 33766 41555
www.dahme-schifffahrt.de

KRANICHBEOBACHTUNG (C 9) | Im Luckauer Becken befindet sich ein bedeutender Sammel- und Rastplatz für Kraniche. Hervorragende Beobachtungsmöglichkeiten bieten sich vom Aussichtsturm am „Borcheltsbusch" an der Straße zwischen Goßmar und Freesdorf. Bis zu 4.000 Kraniche übernachten hier. Eine Stunde nach Sonnenaufgang und eine Stunde vor Sonnenuntergang ist die beste Zeit, die Vögel zu beobachten. Ein Fernglas ist empfehlenswert. Bitte nähern Sie sich nicht den Tieren, denn Kraniche sind sehr störempfindlich! Benutzen Sie bitte unbedingt die vorgesehenen Beobachtungstürme!

Heinz Sielmann
Natur-Erlebniszentrum Wanninchen
D-15926 Görlsdorf
Tel. +49 3544 557755
www.wanninchen-online.de

SCHLECHTWETTER

Für alternative Unternehmungen

Natürlich lädt die einzigartige Landschaft des Spreewalds vor allem dazu ein, ihre schönen Winkel zu entdecken und auch an Regentagen haben die Wasserlandschaften im Nebel durchaus einen mystischen Reiz. Trotzdem darf es zur Abwechslung auch mal etwas Kultur sein, von der die Region schließlich nicht weniger zu bieten hat. Neben den vielfältigen Festen und Bräuchen der ansässigen sorbischen Minderheit locken Museen, altehrwürdige Bauten und zahlreiche Entspannungsangebote die Besucher.

FELDSTEINKIRCHE MIT BERÜHMTEN WANDMALEREIEN (VS G5) | In Ressen-Zaue (Gemeinde Schwielochsee) steht eine gut erhaltene und sehenswerte Feldsteinkirche, deren Besichtigung sich nicht nur für Schlechtwettertage empfiehlt. Der spätromanische/gotische Bau wurde als Wehrkirche errichtet und ist vor allem hinsichtlich seiner Ausstattung interessant. Der Innenraum ist mit einer segmentbogigen Holztonnen-Decke überspannt und besonders das mittelalterliche Bilderfries als Wandmalerei, ursprünglich aus dem 15. Jahrhundert, freigelegt und restauriert 1937–1939 und 1987, ist sehenswert. Auch die aus Lindenholz geschnitzte Madonna mit Kind und der Kirchhof mit einigen schönen alten Grabmalen lohnen einen Besuch.

LÜBBEN, TOR ZUM UNTER- UND OBERSPREEWALD (RS D/E 6/7) | Fontanes „verträumtes Ackerbürgerstädtchen" Lübben gibt sich heute dynamisch: Es ist idealer Ausgangspunkt für Touren in die einzigartige Fließlandschaft des Spreewalds, ob zu Fuß, auf dem Rad, mit dem Paddelboot oder im Kahn. Das älteste Bauwerk der Stadt, der Wohn- und Wehrturm (14. Jh.) ist mit seinem Wappensaal eine wahre Frundgrube für Heraldiker, im angrenzenden Renaissanceschloss ist das Stadt- und Regionalmuseum untergebracht. Sehenswert ist auch die Paul-Gerhardt-Kirche am Marktplatz und die noch in Resten erhaltene Stadtmauer mit ihren zwei Türmen.

www.luebben.de

HAUS FÜR MENSCH UND NATUR (RS E 8) | Die Schönheit und die reiche Natur des Spreewalds faszinieren Jahr für Jahr Millionen Menschen. Doch wie ist diese einzigartige Landschaft entstanden? Welche Tiere und Pflanzen leben dort? Was hat der Landwirt mit der Artenvielfalt zu tun? Was bringen Hoch- und Niedrigwasser dem Spreewald? Unterhaltsame und spannende Antworten auf diese Fragen findet man im Informationszentrum des Biosphärenreservates im Haus für Mensch und Natur.

Haus für Mensch und Natur
Schulstraße 9
D-03222 Lübbenau
Tel. +49 3542 8921-0
www.spreewald-biosphaerenreservat.de/themen/ausflugsziele-erlebnisse/haus-fuer-mensch-und-natur

MUSEUMSDORF BARUTHER GLASHÜTTE (VS B 5) | Die Baruther Glashütte war bis 1980 in Betrieb und lässt mittlerweile als technisches Museum die Besucher in die Welt des Glases eintauchen. Hier wird von der 300-jährigen Standortgeschichte, der 3000-jährigen Tradition der Glaskultur und der Erfindung der Thermosflasche erzählt. Die Schauproduktion veranschaulicht die manuelle Glasproduktion und jeder Gast hat die Möglichkeit, ohne Anmeldung im Rahmen des Museumsbesuchs selbst eine Glaskugel blasen.

Museumsdorf Baruhter Glashütte
Hüttenweg 20
D-15837 Baruth/Mark
Tel. +49 33704 9809-14
www.museumsdorf-glashuette.de

GURKENMUSEUM IN LEHDE (RS F 8) | In einem der ältesten Gebäude Lehdes wurde durch viel Sammlerfleiß ein Stück Geschichte lebendig gemacht: Im einzigartigen Gurkenmuseum erfährt man viel Wissenswertes über die Tradition des Gurkenanbaus und die Gurkenverarbeitung, außerdem hat man die Gelegenheit, die pikanten Spreewälder Gurken und als besondere Spezialität die Königsgurken zu probieren.

Hotelanlage Starick
An der Dolzke 6
D-03222 Lehde
Tel. +49 3542 89990
www.spreewald-starick.de/erleben-von-kultur-und-tradition-im-spreewald/gurkenmuseum

SPREEWALD THERME (RS G 9) | Schlechtes Wetter, kalte Temperaturen: Wenig kann bei solchen Bedingungen so entspannend wirken wie ein warmes Bad. Die Sole der Spreewald Therme ist mit 24 Prozent äußerst reich mineralisiert und bis zu 38 Grad warm und damit ideal für gesundes und erholsames Baden. Thermenbesuchern stehen acht Badebecken, ein Warmwasseraußenbecken mit Strömungskanal und ein Dampfbad zur Verfügung, ein besonderes Erlebnis bietet die Sole-Inhalation in großen Gurkenfässern. Auch der Saunabereich mit Kaminraum und Wintergarten lädt zum Relaxen ein und lässt keine Wünsche offen.

Spreewald Therme GmbH
Ringchaussee 152
D-03096 Burg (Spreewald)
Tel. +49 35603 18850
www.spreewald-therme.de

WANDERTOUR 1

TEUPITZ – TORNOW

1

Im Herzen des Schenkenländchens

8 km | 2:00 h | 30 hm | 30 hm

Diese Tour finden Sie im Planquadrat VS B/C 3
Leichte Tour 30 aus dem Wanderführer Berlin-Brandenburg (5031)
Autor: Bernhard Pollmann

START | Teupitz, Post, Bushaltestelle und Parkplätze an der großen Kreuzung Post-/Bahnhof-/Linden-/Buchholzer Straße am Hotel „Schenk von Landsberg" in Teupitz; Anfahrt auf der A 13 Schönefelder Kreuz – Dresden, Ausfahrt Teupitz.
CHARAKTER | Bequeme Wald- und Wiesenwanderung auf zum Teil sandigen Wegen.

Die Naturschutzgebiete Briesensee-Klingespring am Tornower See und das Wiesental des Mühlenfließ zählen zu den Höhepunkten dieser Wald-, Seeufer- und aussichtsreichen Wiesenwanderung.

Die auf einer Halbinsel im Teupitzer See gelegene Teupitzer Burg war von ca. 1350 bis 1718 Sitz der Schenken von Landsberg, die von hier aus über das 20 Ortschaften umfassende „Land Teupitz" herrschten.

Von diesen Herren leitet sich der Name „Schenkenländchen" für das Gebiet rund um Teupitz ab mit seiner idyllischen Naturausstattung: Wälder, Heidelandschaften, Wiesen und Felder im Verein mit Seen, Fließen, Sumpf- und Niederungsgebieten. Die ehemalige, stark befestigte Burg fungiert heute als Hotel.

▶ An der Kreuzung Post-/Bahnhof-/Linden-/Buchholzer Straße in Teupitz geht es wenige Meter die Buchholzer Straße aufwärts und an der Bushaltestelle links auf die parallel verlaufende sandige Straße „Kreisgarten" neben Gartengrundstücken, am Ende schräg links auf die Waldstraße, wo die Blaupunkt-Markierung des 66-Seen-Wegs die Routenführung übernimmt.

Die ungeteerte Waldstraße führt in einen Kiefernforst hinein, in dem bald der kleine idyllische Nicolassee zum Rasten und Baden einlädt. Hier verzweigt sich der 66-Seen-Weg: Diesseits (= westlich des Sees) führt ein Strang südwärts durch den Wald zur Straße, dort kurz links und die erste (Schwarzer Weg) rechts nach Tornow, wo sich Uferrastplätze am von Schilfgürteln und Wald umgebenen Tütschensee befinden.

An der Verzweigung nach Passieren des Sees führt der 66-Seen-Weg links, vor dem Friedhof rechts, dann geradeaus durch die Lindenallee Teupitzer Straße zum Dorfplatz (Bushaltestelle), hier rechts durch die Dorfstraße und gleich links durch die Seestraße zum Tornower See und am Ufer entlang in einem als Naturschutzgebiet ausgewiesenen Waldstück mit uralten Bäumen. Der Weg passiert eine Badestelle und den eindrucksvollen Klingespring-Erosionstrog und folgt weiter dem Ufer (der ausgeschilderte Abstecher zum Briesensee führt nicht direkt zum See, sondern zu einer Anhöhe mit Blick hinab auf den See) mit Weidengebüschen, Erlen, Birken und Seggen, begleitet von den Tafeln eines Naturlehrpfads. Schließlich verlässt der 66-Seen-Weg den Tornower See und führt zu einer nahen Wegekreuzung.

Hier verlassen wir den 66-Seen-Weg und folgen dem Weg Hohe Mühle rechts. Der Weg führt noch einmal ans Ufer des Tornower Sees und dann geradeaus durch den Wald zur Teupitzer Straße; kurz links und sofort rechts, bis am Tornower Weg wieder die Blaupunkt-Markierung des 66-Seen-Wegs auftaucht und links zurück nach Teupitz führt.

Am Tornower See

WANDERTOUR 2

KÖTHEN – WEHLABERG

Heideseen und Krausnicker Berge

13 km | 3:15 h | 100 hm | 100 hm

Diese Tour finden Sie im Planquadrat VS D 4
Leichte Tour 31 aus dem Wanderführer Berlin-Brandenburg (5031)
Autor: Bernhard Pollmann

START | Parkplatz und Wanderwegeübersichtstafel an der Dorfstraße in Köthen, Ortsteil der Stadt Märkisch Buchholz; Anfahrt auf der A 13 Berlin – Dresden, Ausfahrt Teupitz und weiter nach Märkisch Buchholz, dort weiter nach Köthen.
CHARAKTER | Bequeme Waldwanderung teils auf festen Wegen, teils auf Wurzelpfaden.

Die Köthener Heideseen zählen zu den Landschaftsperlen rund um Berlin. Sie erstrecken sich zu Füßen der Krausnicker Berge, in denen der Aussichtsturm auf dem Wehlaberg einen Rundblick gewährt, der bei klarer Sicht bis zum Berliner Fernsehturm reicht.

Die waldbedeckten Moränen der im Wehlaberg in 144 m gipfelnden Krausnicker Berge bilden die Nordwestgrenze des Unterspreewalds. Das von Gletschern überformte Relief dieser Berge zeigt tief eingeschnittene Erosionstäler, Steilhänge und plateauartige Bereiche, in Gletschertrögen liegen die von Schilfgürteln und Wald umgebenen sieben Seen, von denen einige als Angelgewässer ausgewiesen sind – eine Oase der Stille und ein Rückzugsgebiet für selten gewordene Pflanzen und Tiere.

▶ An der Wanderwege-Übersichtstafel im Heidedorf Köthen am Segel- und Kanuwanderrevier Köthener See weisen die Blaustrich-Markierung des Europäischen Fernwanderwegs 10, die Markierung „Blaue Scheibe“ des 66-Seen-Wegs und die Markierung „Grüne Scheibe“ des Heideseenrundwegs die Route waldwärts auf der ungeteerten Großwasserburger Straße, von Anfang an in einer idyllischen Landschaft mit Wiesen, artenreichen Wäldern und alten Laubbäumen. An der Abzweigung zum Gestüt am Pichersee vorbei führt der Weg waldeinwärts, an einer Verzweigung mit Sitzbank unter alten Eichen weisen die Markierungen rechts zum waldumrahmten Pichersee und leiten im Laubwald weiter zum Mittelsee.

Kurz vor dem nächsten See, dem Schwanensee, zweigt der 66-Seen-

Weg rechts ab, während wir dem E 10 und dem Heideseenrundweg geradeaus am Schwanensee entlang folgen.

An der Wegekreuzung bald nach Passieren der Sitzbank am Ende des Schwanensees zeigt das Schild „Wehlaberg“ links unter Buchen und Eichen bergan, der Weg führt zum hölzernen Aussichtsturm Wehlaberg, die waldbedeckte höchste Erhebung der Krausnicker Berge. Bald darauf mündet der Waldweg auf einen befestigten Forstweg, dem die Blaustrich-Markierung des E 10 rechts hinab folgt zum Standort des einstigen sächsisch-preußischen Grenzpfahls Bunter Stiel, wenig später schwingt der Fernwanderweg rechts in das Biosphärenreservat hinein und führt zurück zur bekannten Wegekreuzung kurz vor dem Schwanensee im Naturschutzgebiet. Hier zweigt der grün markierte Heideseenrundweg links ab, wendet sich gleich wieder rechts und folgt einem Wurzelweg unter Eichen parallel zum Westufer des Schwanensees, zahlreiche Stellen laden am Ufer zur Rast ein.

An der Stegbrücke am Ende des Sees geht es geradeaus und links, nun im Gleichlauf mit dem 66-Seen-Weg parallel zum Ufer des Mittelsees und weiter zum Triftsee. An der Verzweigung dahinter lohnt links die Umrundung des naturschönen Schibingsees , dann geht es zurück zur Verzweigung am Triftsee, von dem die Grünpunkt- und die Blaustrich-Markierung geradeaus zurück in das Heidedorf Köthen führen.

In der Nähe des Wehlabergs bei den Köthener Heideseen verlief die preußisch-sächsische Grenze

WANDERTOUR 3

SCHLEPZIG – LÜBBEN

3

Auf dem E 10 durch den Unterspreewald

15 km 3:45 h 50 hm 50 hm

Diese Tour finden Sie im Planquadrat RS E 5-7
Leichte Tour 33 aus dem Wanderführer Berlin-Brandenburg (5031)
Autor: Bernhard Pollmann

Schloss Lübben im Spreewald

START | Parkplätze bei der „Kahnfährhafenstelle" an der Dorfstraße in Schlepzig; Anfahrt auf der A 13 vom Berliner Ring Richtung Dresden bis zur Ausfahrt Teupitz und weiter nach Märkisch Buchholz, dort auf der B 179 nach Schlepzig; der nächste Bahnhof befindet sich in Lübben.
CHARAKTER | Aussichtsreiche Wiesen-, Deich- und Teichewanderung auf fahrradfähigen Wegen.

Lübben ist das Tor zum auenwaldreichen Unterspreewald und zu den Grünlandflächen des Oberspreewalds. Hauptsehenswürdigkeiten sind neben dem Hain-Naturschutzgebiet an der Berste die Schlossinsel mit dem Spätrenaissance-Bau des Schlosses (1682) und die spätgotische Paul-Gerhardt-Kirche mit dem Grabmal des Kirchenlieddichters, der 1667 in Lübben starb. Die Schlossinsel bildet den Rahmen für Veranstaltungen wie den „Inselmusiksommer". Der Lübbener Hain ist ein Auenwald-Naturschutzgebiet mit mehr als 200 Eichen, die ein Alter von 180 bis 250 Jahren erreichen. Bereits 1909 wurde er als Naturdenkmal von außerordentlicher Bedeutung und seltener Schönheit unter Schutz gestellt. Das Liuba-Denkmal an der Berste erinnert daran, dass dieses Gebiet in vorgeschichtlicher Zeit der slawischen Fruchtbarkeits- und Liebesgöttin Liuba geweiht gewesen sei; Liuba gilt als Namensgeberin der Spreewald-Städte Lübben und Lübbenau.

Vom pittoresken Spreewalddorf Schlepzig folgt der Europäische

Fernwanderweg 10 der Hauptspree durch Feuchtwiesen- und Auenwaldnaturschutzgebiete sowie längs zahlreicher Teiche zu den Eichengiganten des Hains und in die Schlossstadt Lübben.

Vom Parkplatz am Kahnfährhafen in Schlepzig führt die Dorfstraße ortseinwärts, bis die Blaustrich-Markierung des E 10 an der Alten Mühle, wo die Quaasspree in die Hauptspree mündet, rechts auf die Dammstraße abzweigt. Der Fahrweg folgt dem Ufer des fischreichen Inselteichs, der parallel zur Hauptspree angelegt wurde. An der Dümme-Ecke im Südwesten des Sees trifft der Weg auf die Hauptspree und folgt ihr in Richtung des Spreewaldgasthauses Petkampsberg. Einem deichartig erhöhten Schotterweg folgt der Fernwanderweg weiter südwärts zwischen der Hauptspree und dem Sommerteich sowie weiteren Teichen, an denen Reiher, Möwen u. a. Wasservögel jagen. Nach Passieren des Hartmannsdorfer Wehrs erstrecken sich links des Wegs die Biebersdorfer Wiesen. Alte Hudewälder, Birken-Eichen-Wald, Auenwald, Heidebereiche, Sandrasen und Feuchtwiesen wechseln sich malerisch ab. Nach Überqueren eines Bahndamms führt der Weg durch das Naturschutzgebiet Wiesenau, einem Ensemble aus Altarmen, Teichen, Feuchtwiesen, Verlandungszonen und Gehölzen. Dahinter folgt der Weg der Hauptspree und dann dem Umflutkanal zur Trasse der Spreewaldbahn, die zum Fuß- und Radweg umfunktioniert wurde. Auf den Bahnbrücken geht es über den Umflutkanal und die Neue Spree zum Gasthaus Lehnigksberg. Vom Gasthaus führt der Lehnigksberger Weg am Rand der Auenlandschaft der Schützenwiesen längs der Neuen Spree südwärts Richtung Lübben und wechselt dann auf den Weg längs des Spreenebenflusses Berste. Nach Queren der Berliner Chaussee beim Kahnfährhafen am Nordrand von Lübben taucht er in das parkartige Naturschutzgebiet Der Hain ein. Dort zeigen die Schilder links in die Altstadt von Lübben, während es rechts zum Bahnhof geht. Von dort fährt der Bus zurück nach Schlepzig.

Spreewaldboote auf der Spree bei Schlepzig

WANDERTOUR 4

WENDISCH RIETZ – GLUBIGSEE

4

Rund um die Glubigseen

8 km | 2:05 h | 20 hm | 20 hm

Diese Tour finden Sie im Planquadrat RS F 1/2
Leichte Tour 35 aus dem Wanderführer Berlin-Brandenburg (5031)
Autor: Bernhard Pollmann

Rund um Berlin – sanftes Land der Seen und Wälder

START | Bahnhof Wendisch Rietz, Am Bahnhof 1 in Wendisch Rietz, Bahnlinie Königs Wusterhausen – Grunow; Anfahrt auf der A 12 Berlin – Frankfurt a. d. Oder, Ausfahrt Storkow, von Storkow auf der B 246 nach Wendisch Rietz, wo die Bundesstraße Beeskower Allee heißt.
CHARAKTER | Leichte Waldwanderung.

An den Glubigseen entlang führt diese stille Waldwanderung zum Springsee und am Ostufer des Großen Glubigsees zu einem urtümlichen Bruchwaldgebiet.

▶ Vom Bahnhof Wendisch Rietz am Scharmützelsee folgt der mit dem Zeichen Blaupunkt markierte 66-Seen-Weg der Bundesstraße (Beeskower Chaussee) auf einem durch einen Wald- und Grünstreifen getrennten Rad- und Fußweg in wenigen Minuten ostwärts zur Verzweigung beim Kleinen Glubigsee am Hotel-Restaurant „Fischhaus".

Während der 66-Seen-Weg geradeaus und dann am Ostufer weiterführt, zweigt der Glubigsee-Rundweg (gelbe Scheibe) rechts ab zum Kleinen Glubigsee und taucht dann in die Wälder ein. In deutlicher Distanz zum Großen Glubigsee leitet der Rundweg durch Wälder und Forste und schwingt schließlich auf einen Betonplattenweg am Rand des Standortübungsplatzes Storkow ein: Rechts erstrecken sich Kiefernforste, links wachsen naturnahe Wälder. Am einsam in den Wäldern gelegenen historischen Alten Postheim – der älteste Teil stammt aus dem 19. Jh. und ist in den vergangenen Jahrzehnten durch An- und Umbauten erweitert worden – trifft der Weg ans Ufer des Großen Glubigsees und folgt dem Rand der Verlandungszone mit Schilfgürteln und Bruchwald, bei einer Sitzbank bietet sich ein erstklassiger Blick auf den See. Schließlich erreicht der Rundweg die Verzweigung am Ausfluss des Springsees: Weit schweift der Blick hinaus auf diesen von Wäldern umrahmten See. Nach Überqueren der Brücke über den Ausfluss des Springsees wechselt der Glubigsee-Rundweg links auf einen angenehmen Waldweg, nun im Gleichlauf mit dem 66-Seen-Wanderweg. In gemeinsamer Routenführung geht es nordwärts durch den Wald zum Ferienpark Am Glubigsee und mit weiten Ausblicken am Ufer entlang. Kurz nach Passieren der Oberbergklinik tauchen 66-Seen- und Glubigsee-Rundweg in einen Bruchwald ein, der passagenweise auf Holzknüppelstegen durchquert wird. Schließlich schwingt der Wanderweg rechts hinauf und folgt einer ruhigen Waldstraße zur Mühle an der Bundesstraße (Beeskower Chaussee) zwischen Kleinem Glubig- und Scharmützelsee. Längs der Beeskower Chaussee führt der 66-Seen-Wanderweg links zurück zum Ausgangspunkt am Bahnhof Wendisch Rietz.

Das reetgedeckte „Fischhaus" am Kleinen Glubigsee

RATGEBER

Für einfache Orientierung

Wir möchten Naturliebhabern im Folgenden zeigen, wie man die Wanderkarte einnordet, sich im freien Gelände orientiert und eine Tour plant.

DIE KARTE MIT KOMPASS EINNORDEN

Am einfachsten ist es, sich mit einem Kompass zu orientieren. Die Kompassnadel zeigt immer nach Norden. Ebenso sind KOMPASS-Wanderkarten immer nach Norden ausgerichtet. Das „N“ des Kompasses wird so auf die Wanderkarte gelegt, dass die Ortsbeschriftungen lesbar sind. Nun richtet man diesen auf den Kartenrahmen bzw. im rechten Winkel zu einem Ortsnamen aus. Anschließend dreht man sich mit angelegtem Kompass und Karte um die eigene Achse bis die Kompassnadel in Richtung Norden zeigt. Die Karte ist nun eingenordet und man kann die Himmelsrichtungen bestimmen.

Merksatz:
Nie **O**hne **S**chuhe **W**andern.

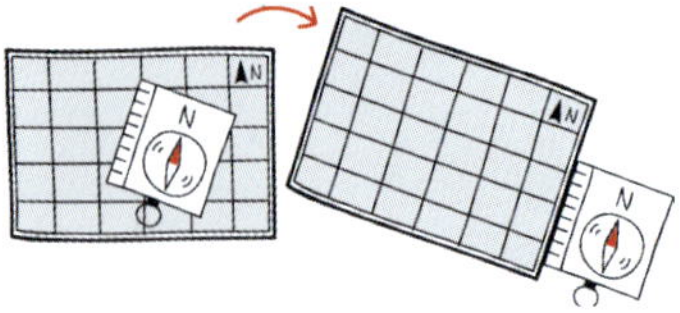

DIE KARTE OHNE KOMPASS EINNORDEN

Hat man keinen Kompass zur Hand und möchte die Wanderkarte einnorden, sucht man sich in der Umgebung einen markanten Punkt (Kirchturm, Burg, Seilbahn, Einzelgehöft), der auch in der Karte zu finden ist. Danach zieht man auf der Karte zwischen dem eigenen Standpunkt und dem Orientierungspunkt eine Linie. Wenn man sich nun mit der Karte dreht, sodass diese Linie sich Richtung markanten Punkt im Gelände verlängert, ist die Karte eingenordet. Die obere Kartenkante (Schrift-Leserichtung) zeigt nun nach Norden.

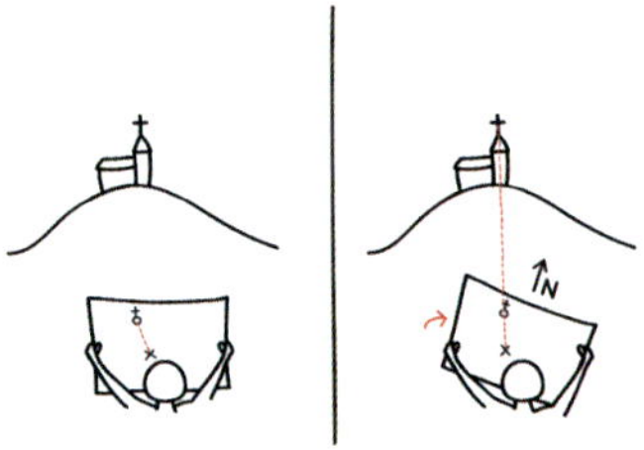

STANDORTBESTIMMUNG

Um den eigenen Standort in der Natur zu bestimmen, eignet sich die gratis KOMPASS-App. Mittels Satellitentechnologie (GPS, Glonass) wird der Standort einfach und genau festgestellt. Aufgrund zu dichter Bebauung oder steil aufragender Felswände können die Signale jedoch nicht empfangen werden. Deshalb ist es wichtig, auch ohne ein technisches Hilfsmittel den eigenen Standort bestimmen zu können.

Zuerst richtet man die Karte ungefähr Richtung Norden aus. Danach sucht man sich in unmittelbarer Umgebung in der Natur einen markanten Punkt (z. B. Kirchturm, Einzelgehöft, Brücke usw.). In Sichtlinie zu diesem Punkt versucht man einen weiteren Orientierungspunkt zu finden. Beide Punkte verbindet man auf der Karte mit einer Linie. Nun versucht man in einem Winkel von 90° zwei weitere Objekte zu finden, die ebenfalls auf der Karte mit einer Linie verbunden werden. Dort, wo sich diese beiden Linien auf der Wanderkarte kreuzen, befindet sich der eigene Standort.

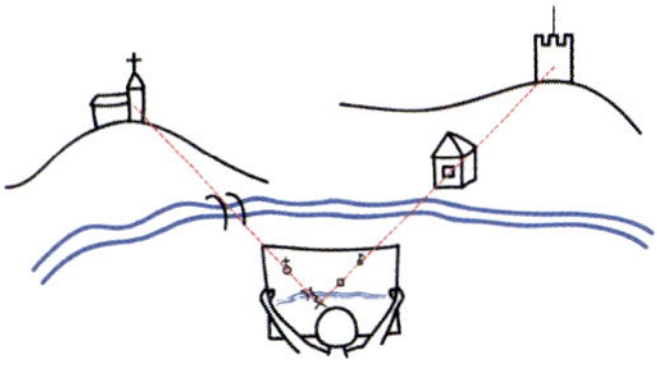

DER MASSSTAB

Auf der Wanderkarte wird die Landschaft immer verkleinert und vereinfacht dargestellt. Der sogenannte Maßstab gibt an, um wie viel das Gelände kleiner eingezeichnet ist.

Steht auf der Karte beispielsweise der Maßstab 1:50 000 so bedeutet dies, dass 1 cm auf der Karte 50 000 cm in der Natur (Wirklichkeit) sind. Wandelt man diese 50 000 cm in Meter um, sind es 500. Das heißt bei einem Maßstab von 1:50 000 entspricht 1 cm in der Karte 500 m in der Natur, bei einem Maßstab von 1:25 000 sind es 250 m.

ENTFERNUNGEN ERMITTELN

Gerade Strecken können gut mit dem Lineal abgemessen werden. Windet sich ein Weg dagegen, so ist es hilfreich, sich eine Schnur zur Hand zu nehmen und die geplante Tour vom Start- bis zum Zielpunkt damit nachzulegen. Anschließend misst man die Länge der Schnur mit einem Lineal.

Zur Ermittlung der tatsächlichen Länge muss eine kleine Rechenaufgabe gemeistert werden.

Formel: abgemessene Länge in cm x Maßstab in m

(Dies ist die Horizontalentfernung.)

Maßstab 1: 50 000

1 cm in der Karte ≙ 500 m in der Natur

GEHZEITEN

Im Durchschnitt schafft man im flachen Gelände 4 Kilometer pro Stunde. Diese Faustregel findet man auch auf Wegweisern. Kinder brauchen ca. 1,5-mal länger.

Im alpinen Gelände gilt, dass ein Erwachsener – je nach Kondition – in einer Stunde 300 Höhenmeter bergauf bzw. 500 Höhenmeter bergab zurücklegen kann.

GELÄNDEDARSTELLUNG

Um die dreidimensionale Landschaft auf einer zweidimensionalen Wanderkarte realitätsgetreu abbilden zu können, verwenden KOMPASS-Kartografen Höhenzahlen, Höhenlinien und die Schummerung.

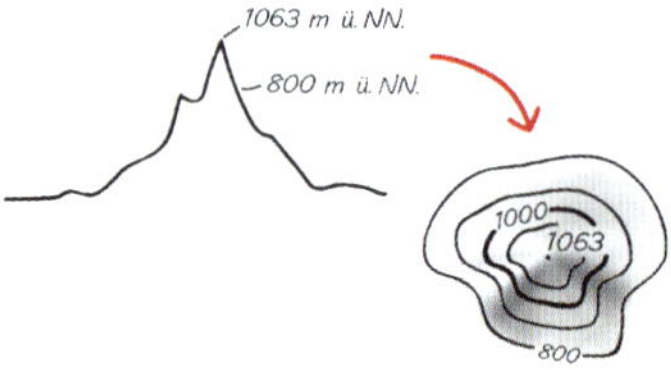

HÖHENZAHLEN

Auf KOMPASS-Wanderkarten befinden sich bei markanten Punkten wie Orten, Berggipfeln und Aussichtspunkten kleine Zahlen, sogenannte Höhenzahlen, die in Metern über Normalnull (NN) angegeben werden. Bezugspunkt für Normalnull ist der mittlere Meeresspiegel in Amsterdam.

Höhenzahl 2420 bei dem Bergnamen Mutenkogel

HÖHENLINIEN

Um ein Gelände auf der zweidimensionalen Karte plastischer darstellen zu können, wird dieses theoretisch in gleichbleibend dicke Scheiben geschnitten. Diese Schnittlinien bezeichnet man als Höhenlinien. Je enger die Höhenlinien beisammenliegen, desto steiler ist das Gelände. Je weiter die Höhenlinien auseinanderliegen, desto flacher ist es. Bei der Planung einer Wanderung ist es auch wichtig darauf zu achten, wie der Wanderweg zu den Höhenlinien verläuft. Kreuzt der Weg die Linien senkrecht, wird es sehr steile Anstiege geben, verläuft er hingegen meist parallel zu den Höhenlinien, wird es eine Wanderung mit wenigen Steigungen sein.

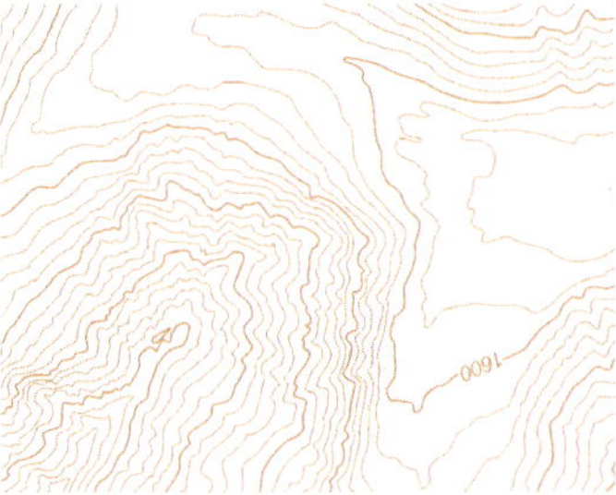

Höhenlinien mit Höhenlinienzahl

SCHUMMERUNG

Um auf einer Wanderkarte Berge realistischer darzustellen, wird eine Schummerung (Grauschattierung) eingezeichnet. So kann der räumliche Eindruck einer Landschaft besser vermittelt werden.

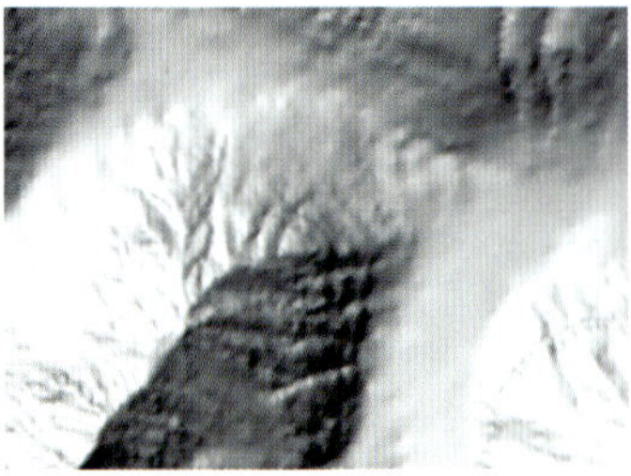

Reliefdarstellung durch Schummerung

PLANZEIGER
zum Anlegen

3 km 1,5 km | 2 km 1 km | 1 km 0,5 km

1 km 0,5 km

Maßstab

1 : 50 000 — 1 mm = 50 m
1 : 25 000 — 1 mm = 25 m

Beispiel für die Bestimmung einer Koordinate (z.B. Kirche)

2 km 1 km

Kante des Planzeigers an den zu bestimmenden Punkt (Kirche) anlegen. Notieren Sie sich die Koordinaten des Gitterfeldes und fügen Sie drei Nullen an (m-Angaben). Addieren Sie nun Ihren Ablesewert (siehe Rechenbeispiel).

Ostwert:	532.000	+	1.550	=	533.550	Meter
Nordwert:	5274.000	+	1.750	=	5.275.750	Meter

3 km 1,5 km

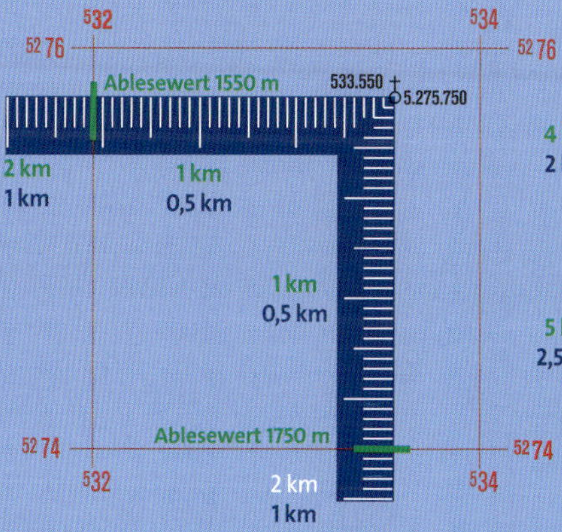

4 km 2 km

5 km 2,5 km

Höhenlinienabstände beim Maßstab 1 : 25 000 mit 20 m Äquidistanz

10° 20° 30° 40° 50° 60°

Höhenlinienabstände beim Maßstab 1 : 50 000 mit 20 m Äquidistanz

40° 30° 20° 10°

1 Teupitzer See

0 250 500m
Maßstab 1:35 000

OST
64
Weinberge
Weinberge
50
87
246
Vorheide
Bornower Dorfstr.
60
Kolonie
Vorheide
BORNOW
Vorheider Weg
Storkower
Am Reitplatz
Weinberg
64
Kohlsdorfer Chaussee
Kohlsdorfer
Chaussee
Lübbenauer
Zur alten Spree
KOHLSDORF
BS
Beeskower Str.
N S G
Naturlehrpfad
Beeskow
87
50
Leip-
see
SLS,SPR
Kohlsdorfer
Gutspark
Gutshaus
Wiesen
Wasserwander-
rastplatz
KUM

0 250 500m
Maßstab 1:30 000
Im Luch
Fürstenwalder Str.
Radinkendorfer Str.
Werkstr.
Kurzer Weg
Hafenstr.
Feldstr.
Bahnhof
Am Bahnhof
Burgwall
Am Lübbener Bahnhof
Adrianstr.
Poststr.
str.
Ringstr.
Luch-
str.
Spreeinsel
BEESKOW
168
Oegeln
OST
Schützenstr.
Berliner Str.
WC
Nadelwehr
Burg Beeskow
Hannemannei
Schneeberger Weg
Hannemannei
Rouanetstr.
Liebknecht-
Frankfurter Str.
Frankfurter Chaussee
Wiesenring
R.-Breitscheid-Str.
Darrturm
Gartenstr.
HS6
Krügersdorfer Chaussee
BS
Bahrensdorfer See
Bertholdpl.
Am Mühlenberg
Siedlerweg
Spreepark Beeskow
Freizeitzentrum
Bahrensdorfer Str.
Friedländer Chaussee
Bahrensdorf
246
useum
ugendhof
65
60
HS6, SLS
Deponie
Friedrichshof
60
50
OW
168

Biosphären-
reservat
Spreewald
Hartmannsdorfer
Heide
GR, RNL
Hartmannsdorfer Str.
Kletterwa
An der Spreewaldbahn
GR
Lubolzer Str.
Wettiner Str.
Am Frauenberg
Berliner Chaussee
115
Parkstr.
Schillerstr.
Spielbergstr.
Klinikum Dahme-Spreewald
Bergstr.
RNL
Majoransheide
Parkstr.
Friedens-
str.
Virchow-
HJ
Brunnenstr.
WC
Bahnhofstr.
Lubolzer Weg
Heideweg
Treppendorfer Dorfstr.
Kimpernweg
Eschen-
allee
Akazienstr.
Blumenstr.
Hainmühlenweg
Kastanienallee
TREPPENDORF
Berste
Treppendorfer Dorfstr.
Lübbener Str.
Treppendorfer Str.
Gartenstr.
Langer Rücken
Weinbergstr.
65
Langer Rücken
87
Blumenfelde

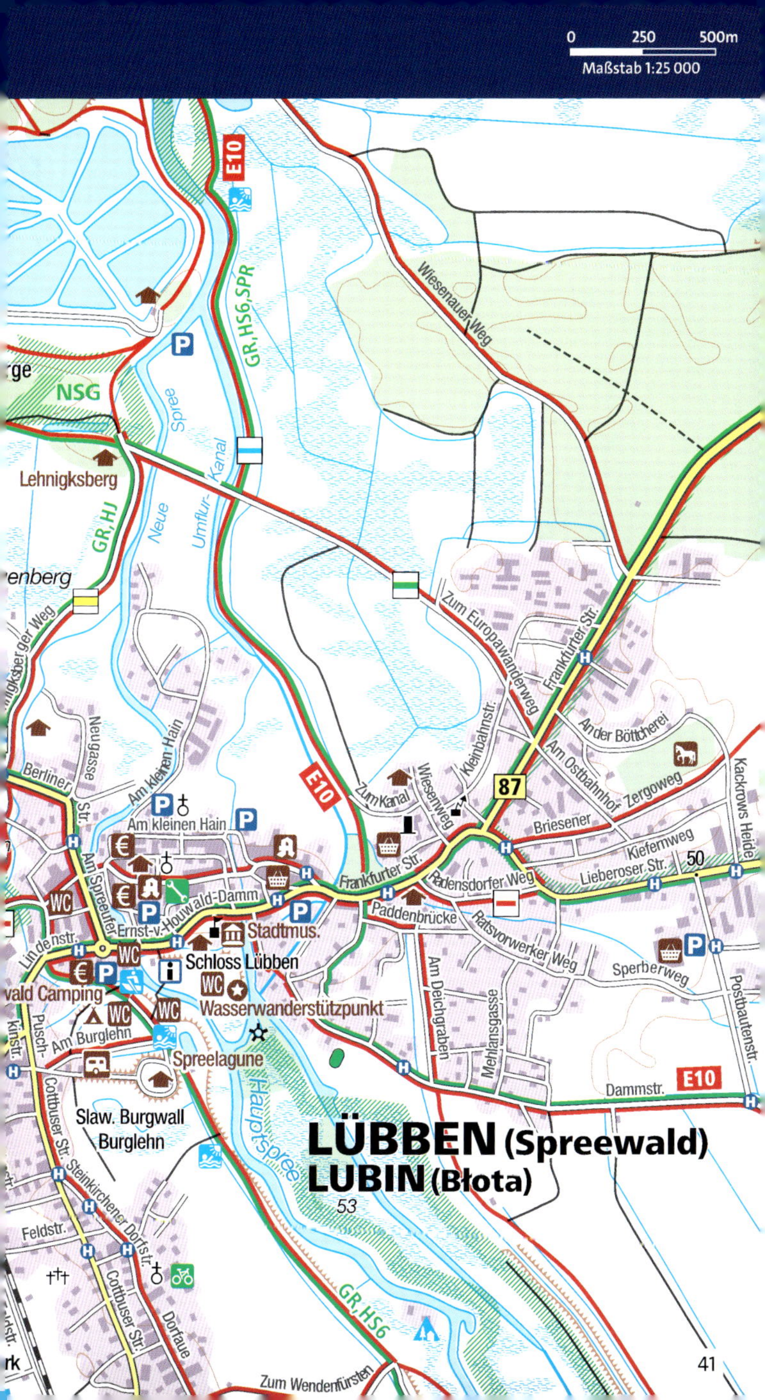

0 250 500m
Maßstab 1:25 000
E10
GR,HS6,SPR
NSG
Lehnigksberg
GR,HJ
Neue Spree
Umflur-Kanal
Wiesenauer Weg
Zum Europawanderweg
Frankfurter Str.
Kleinbahnstr.
An der Böttcherei
Am Ostbahnhof
Zergoweg
Kackrows Heide
87
Briesener
Kiefernweg
Lieberoser Str.
50
Zum Kanal
Wiesenweg
Neugasse
Berliner Str.
Am kleinen Hain
Am Spreeufer
Ernst-v.-Houwald-Damm
Stadtmus.
Schloss Lübben
Wasserwanderstützpunkt
Frankfurter Str.
Radensdorfer Weg
Paddenbrücke
Ratsvorwerker Weg
Sperberweg
Postbautenstr.
Am Deichgraben
Mehlansgasse
Dammstr.
Lindenstr.
Camping
Am Burglehn
Spreelagune
Hauptspree
Slaw. Burgwall Burglehn
Cottbuser Str.
Steinkirchener Dorfstr.
Feldstr.
Dorfaue
GR,HS6
Zum Wendenfürsten
LÜBBEN (Spreewald)
LUBIN (Błota)
53

LÜBBENAU/Spreewald
LUBNJOW/ Błota
51
KRIMNITZ
STENNEWITZ
ZERKWITZ
KLEIN BEUCHOW
KLEIN KLESSOW
EISDORF
Meilenstein
Haflingerhof Noack
Dreieck Spreewald
Lübbenauer Chaussee
Lindenstr.
Chausseestr.
Stennewitzer Ringstr.
Am Kaufland
Rosa-Luxemburg-Str.
Berliner Str.
Stennewitz
Friedrich-Engels-Str.
Rudolf-Breitscheid-Str.
Geschw.-Scholl-Str.
Otto-Grotewohl-Str.
Str. der Jugend
Hauptstr.
Luckauer Str.
Mühlweg
Alter Eisdorfer Weg
Pappelallee
Werner-Seelenbinder-Str.
Richard-Wagner-Str.
Lindenallee
Straße des Friedens
Alte Huttung
Klein-Beuchower Weg
Schuggergr.
Beuchower Dorfstr.
Luckauer Landstr.
Klessower Dorfstr.
Am Wäldchen
Feldstr.
Waldweg
Eisdorfer Lindenstr.
Lübbenauer-Chaussee
BT
HS6
NK
HS6, KRT, NK
10
1
13
E55
15
E36
63
42

0 250 500m
Maßstab 1:25 000

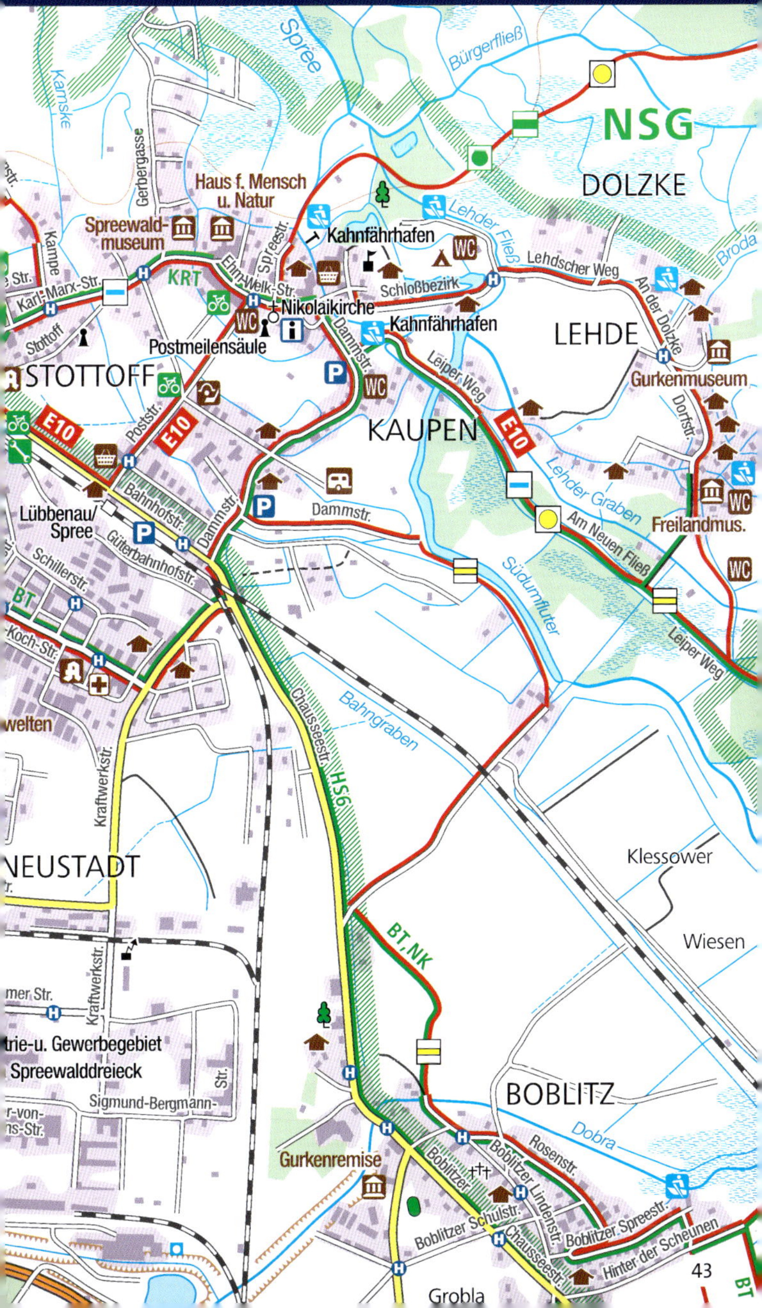

Altgeräteschau
Kahnfährhafen
Burg-Lübbener-Kanal
Burg Kauper
Fischerfließ
Am Fischerfließ
Kleine Spree
Waldschlößchenstr.
E10
Stilles Fließ
Ringchaussee
Burg-Lübben
Weidenweg
Spree
Neue Spree
Erlkönigweg
An der Neuen Spree
An der Försterei
Wendenkönigstr.
Kl. Wildbahn
Große Wildbahn
Wildbahnweg
SPR
Erlkönigfließ
Birkenweg
An der Hauptspree
Stauensfließ
Schwarze Ecke
Kanuabfahrtsstelle
Bleichestr.
Burg-Kolonie
Erste Kolonie
Kolonie
Naundorfer Str.
Scheidungsfließ
Am Scheidungsfließ
Zweite Kolonie
Spreewald T
Hauptspree
Untere Stradower Kahnfahrt
Ostgraben
Kleiner Leineweber-
Südumfluter
GR, HS6
GR
Kahnfährhafen
Am Leineweber
Kurfürstendamm
HS6
Brahmower Landgraben
Naundorfer Dorfgraben
Naundorf Ausbau
Grenzfließ
Roteichenallee
Erleb
B i o s
Naundorfer Weg
Wotschower Weg
Naundorfer Dorfstr.
Stradower Teiche
Vetschauer Mühlk
Greifenhainer Fließ
NAUNDORF
Dorfanger
Fleißdorfer
FLEIßDORF
Vetschauer Str.
Dorf

0 250 500m
Maßstab 1:35 000

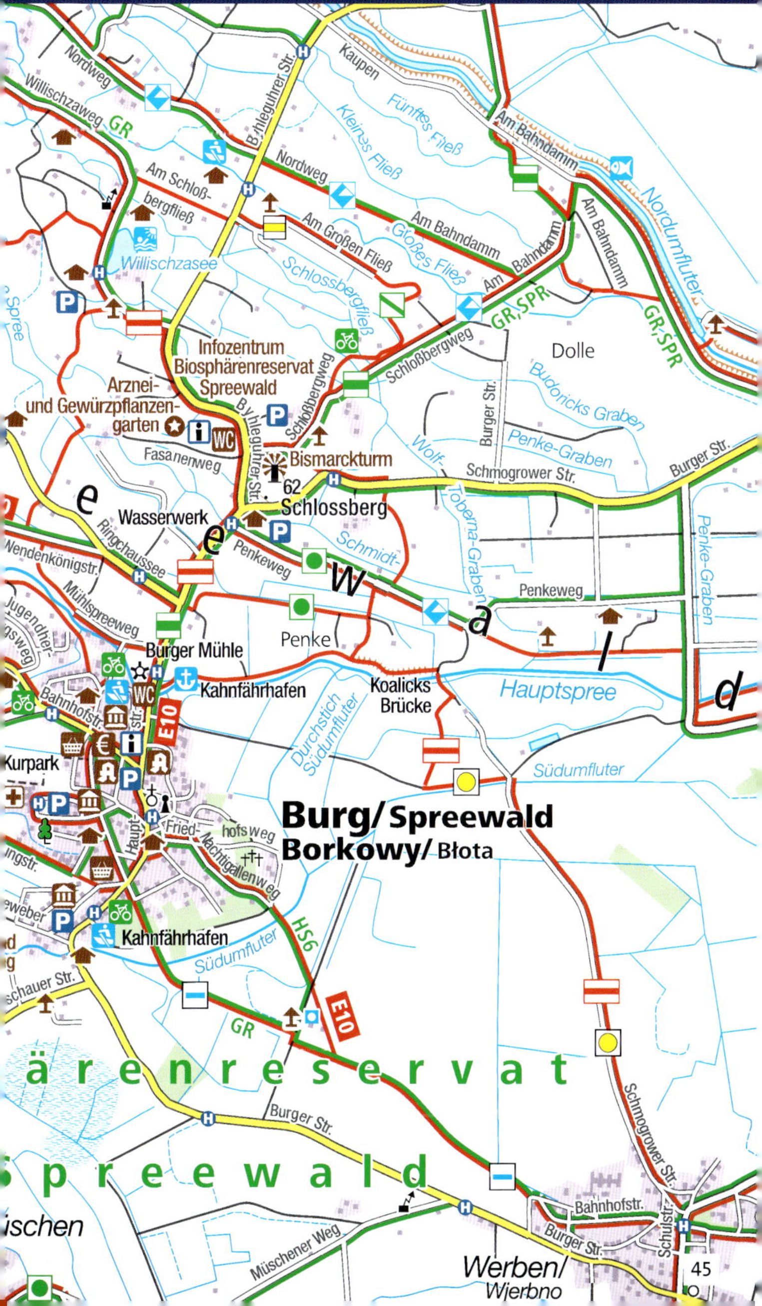

IMPRESSUM

1. Auflage 2020 Verlagsnummer 748 ISBN 978-3-99044-926-4

Text und Fotos (soweit nicht anders angegeben):
Maria Strobl

Titelbild: Kanufahrer im Spreewald (© cstirit - stock.adobe.com)

S. 2: TVB Dahme-Seen e.V.; S. 7: Peter Becker/pixelio; S. 8: Mario Hagen/fotolia
Action:
Kletterwald: Maria Strobl; Wakeboard: photowahn/fotolia
Aktiv:
Spreelagune: Wolfgang Haas/Stadt Lübben; Angeln: ballabeyla/AdobeStock
Kinder:
Slawenburg: Peter Becker/pixelio; Kahnfahrten: Ralf Pernack/pixelio
Natur:
Groß Leuthener See: Tourist-Information Märkische Heide; Byhleguhrer See: Gebhardt L./Ilmenau
Schlechtwetter:
Feldsteinkirche: Käthe Kura; Lübben: R. Weißflog/TVB Spreewald Raddusch
S. 23, 25, 27, 28, 29: Bernhard Pollmann; S. 26: Henry Czauderna/AdobeStock; S. 30/31: michaelstephan/fotolia

Alle Angaben und Tourenbeschreibungen wurden nach bestem Wissen gemäß unserer derzeitigen Informationslage gemacht. Die Wanderungen wurden sehr sorgfältig ausgewählt und beschrieben, Schwierigkeiten werden im Text kurz angegeben. Es können jedoch Änderungen an Wegen und im aktuellen Naturzustand eintreten. Wanderer und alle Kartenbenützer müssen darauf achten, dass aufgrund ständiger Veränderungen die Wegzustände bezüglich Begehbarkeit sich nicht mit den Angaben in der Karte decken müssen. Bei der großen Fülle des bearbeiteten Materials sind daher vereinzelte Fehler und Unstimmigkeiten nicht vermeidbar. Die Verwendung dieser Wanderkarte + Aktiv Guide erfolgt ausschließlich auf eigenes Risiko und auf eigene Gefahr, somit eigenverantwortlich. Eine Haftung für etwaige Unfälle oder Schäden jeder Art wird daher nicht übernommen. Für Berichtigungen und Verbesserungsvorschläge ist die Redaktion stets dankbar. Korrekturhinweise bitte an folgende Anschrift:

KOMPASS-KARTEN GMBH
Karl-Kapferer-Straße 5, A-6020 Innsbruck
www.kompass.de/service/kontakt

Zeichenerklärung WANDERTOUREN

Streckentour	Höhenmeter Aufstieg
Rundtour	Höhenmeter Abstieg
Länge	VS Vorderseite der Wanderkarte
Gehzeit	RS Rückseite der Wanderkarte